MOTIFS

HISTORIQUES

D'ARCHITECTURE ET DE SCULPTURE D'ORNEMENT

J. Claye, imprimeur
S. Benoît, 7, à Paris

MOTIFS

HISTORIQUES

D'ARCHITECTURE ET DE SCULPTURE D'ORNEMENT

POUR

LA COMPOSITION ET LA DÉCORATION EXTÉRIEURE DES ÉDIFICES PUBLICS ET PRIVÉS

CHOIX DE FRAGMENTS

EMPRUNTÉS A DES MONUMENTS FRANÇAIS

DU COMMENCEMENT DE LA RENAISSANCE A LA FIN DE LOUIS XVI

PORTES — PANNEAUX SCULPTÉS — FENÊTRES — CHAMBRANLES — LUCARNES — OEILS-DE-BOEUF — NICHES — CORNICHES
— MASCARONS — BALUSTRES

AMORTISSEMENTS DIVERS — VASES — FONTAINES — VASQUES — CLEFS ORNÉES, ETC., ETC., ETC.

SCULPTURE D'ORNEMENT EN MARBRE, PIERRE, BOIS, PLOMB, BRONZE, ETC.

PAR M. CÉSAR DALY

ARCHITECTE DU GOUVERNEMENT

Directeur-fondateur de la *Revue générale de l'Architecture & des Travaux publics*, auteur de *l'Architecture privée au XIXᵉ siècle* (sous Napoléon III),
des *Nouvelles Maisons de Paris & des Environs*, des *Décorations extérieures & intérieures*
des *Nouvelles Maisons de Paris & des Environs*, des *Théâtres de la place du Châtelet*, de *l'Architecture funéraire*, spécimens de Tombeaux, Mausolées, &c., &c.; Membre étranger
de l'Académie royale des Beaux-Arts de Stockholm, Membre honoraire & correspondant de l'Institut des Architectes britanniques
& de la Société royale des Beaux-Arts d'Athènes, Membre associé honoraire
de l'Académie impériale de Saint-Pétersbourg, Membre associé de l'Académie royale des Beaux-Arts de Belgique, Membre de l'Académie royale des Beaux-Arts
des Pays-Bas, Membre honoraire de la Société pour la propagation de l'Architecture d'Amsterdam, Membre de la Commission
des Savants du Muséum germanique, &c., &c.

VOLUME SECOND

PARIS

SE VEND CHEZ A. MOREL, LIBRAIRE-ÉDITEUR

13, RUE BONAPARTE, 13

1869

STYLE LOUIS XIV

STYLE LOUIS XIV.

STYLE LOUIS (XIII)-XIV

PALAIS DE VERSAILLES — PAR LE MANSARD — PAVILLON DE COUR

MOTIFS HISTORIQUES.

STYLE LOUIS XIV

PALAIS DE VERSAILLES — COUR DE MARBRE — LUCARNE

STYLE LOUIS XIV

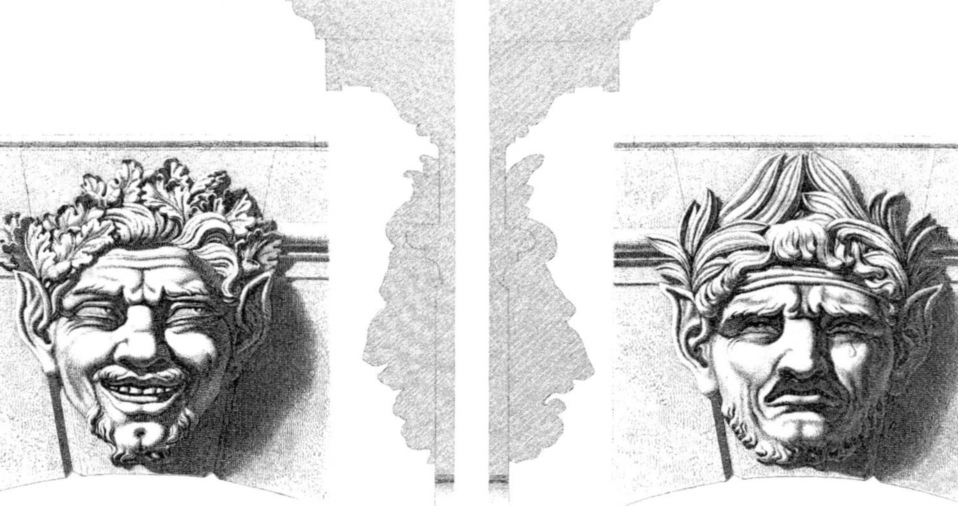

MOTIF HISTORIQUE
STYLE LOUIS XIV

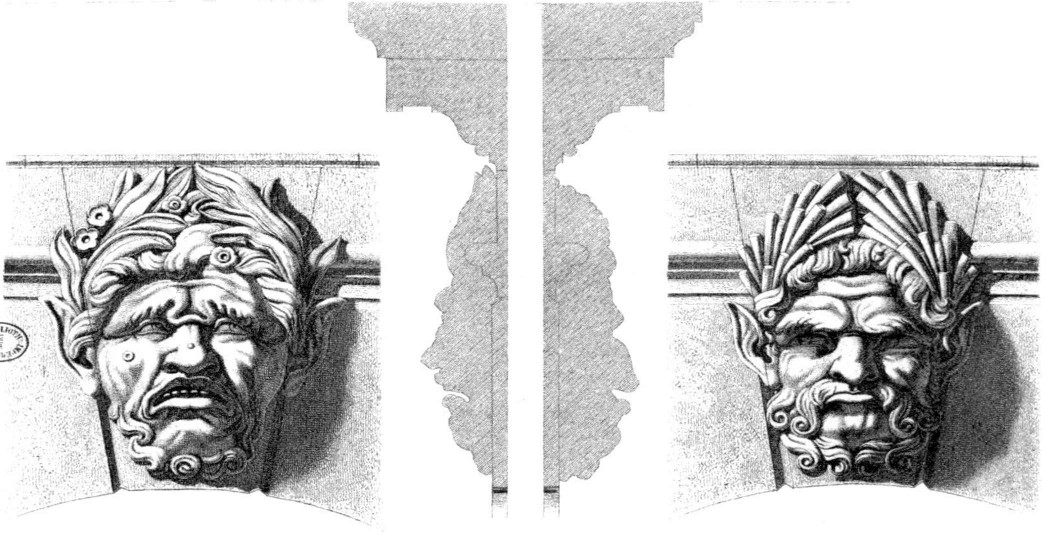

STYLE LOUIS XIV.

STYLE LOUIS XIV

MOTIFS HISTORIQUES

PAR Mr CESAR DALY ARCHte

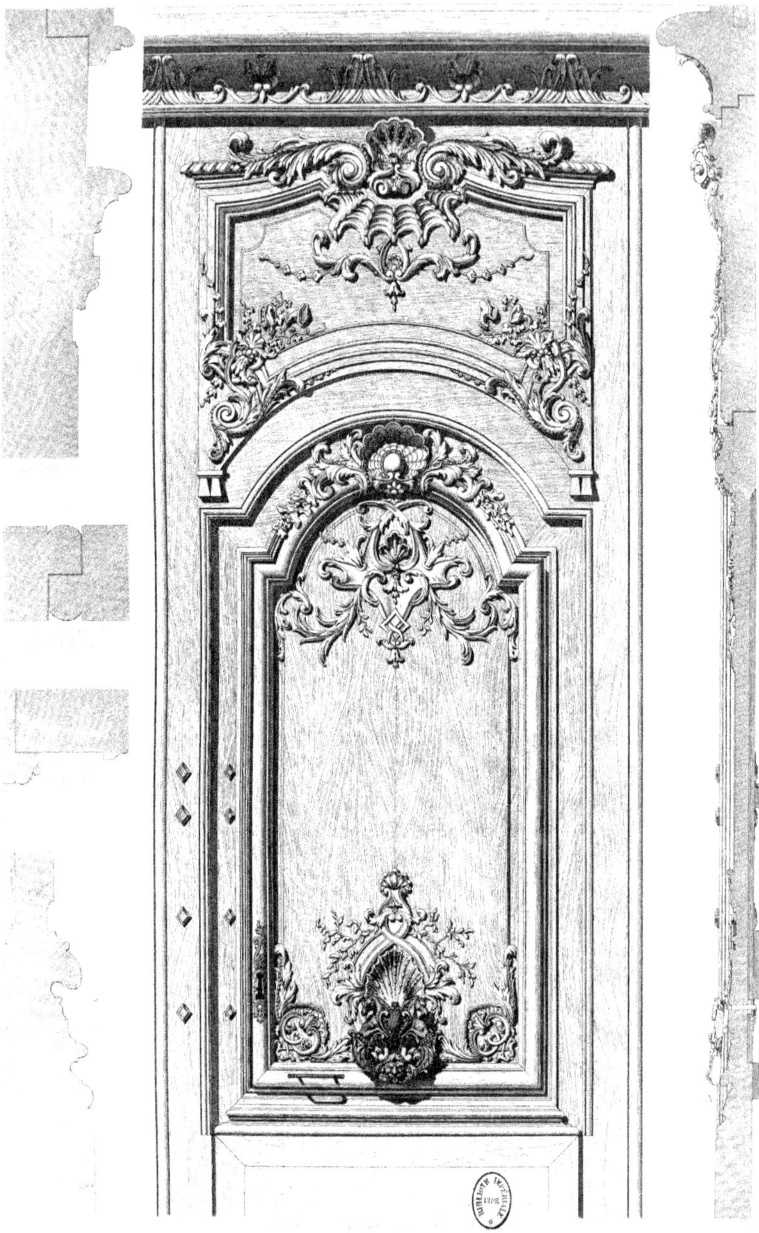

STYLE LOUIS XIV

MOTIFS HISTORIQUES
PAR Mᴿ CÉSAR DALY, ARCHᵗᵉ
STYLE LOUIS XV

STYLE LOUIS XIV

STYLE LOUIS XIV

STYLE LOUIS XIV

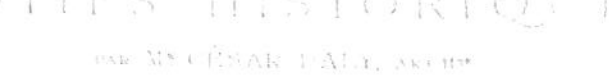

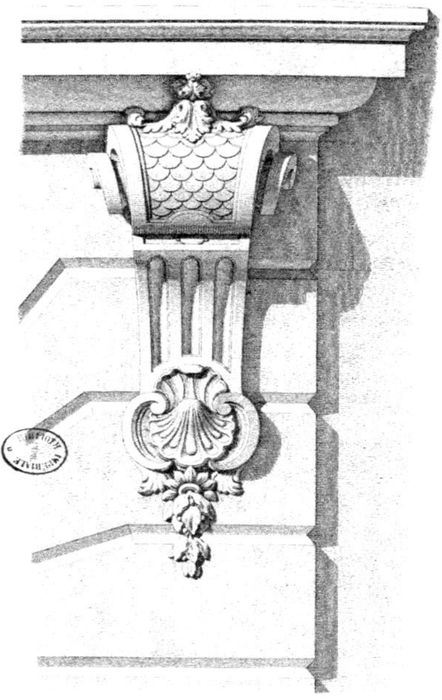
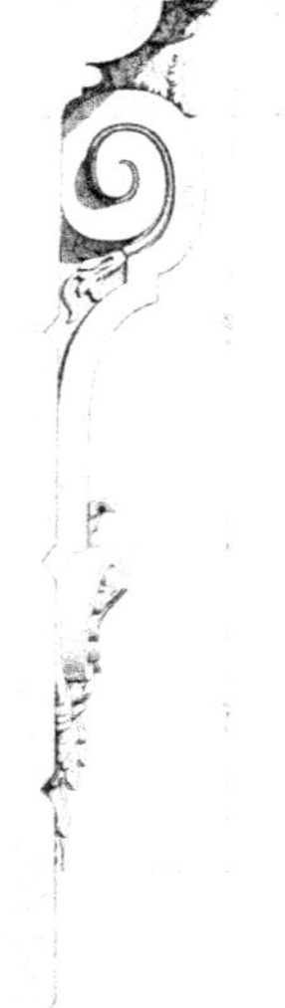

STYLE LOUIS XIV

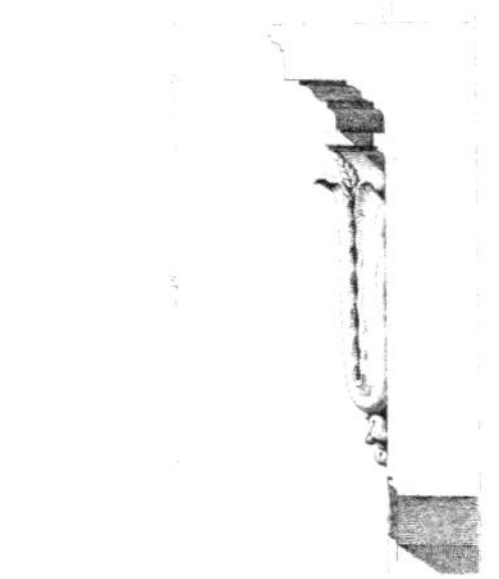

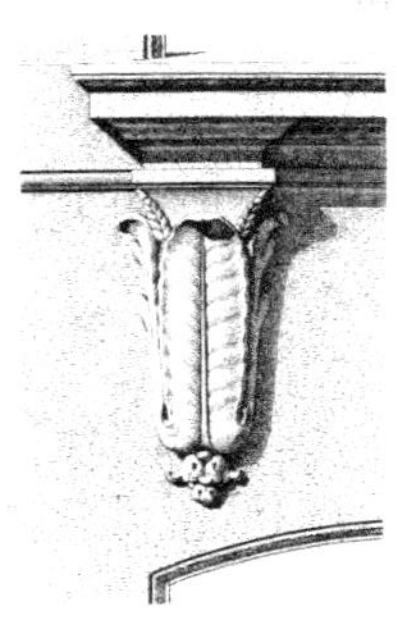

CROISÉE AU 1ER DE L'HÔTEL DACIER ET DES VIEUX AUGUSTINS

PORTE QUAI BOURBON

STYLE LOUIS XIV

MOTIFS HISTORIQUES

par Mr CÉSAR DALY, Archte

STYLE LOUIS XIV

STYLE LOUIS XIV

MOTIFS HISTORIQUES.

PAR Mr CÉSAR DALY, ARCHTE

STYLE LOUIS XIV

STYLE LOUIS XV

STYLE LOUIS XV

PORTE
RUE ST GERMAIN-L'AUXERROIS

STYLE LOUIS XV

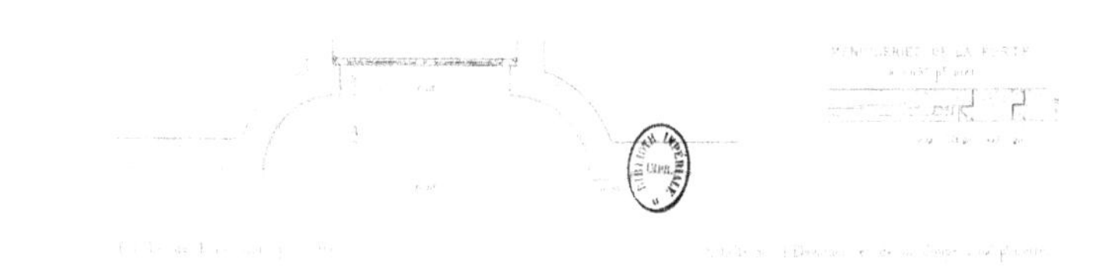

STYLE LOUIS XV

MOTIFS HISTORIQUES
PAR Mr CÉSAR DALY, ARCH.te
STYLE LOUIS XV
FAÇADE PRINCIPALE

STYLE LOUIS XV

CLEFS DES CROISÉES
DU REZ-DE-CHAUSSÉE ET DU 1er ÉTAGE PAVILLON DES FÊTES
Échelle de 0,05 p^r mètre

STYLE LOUIS XV

STYLE LOUIS XV

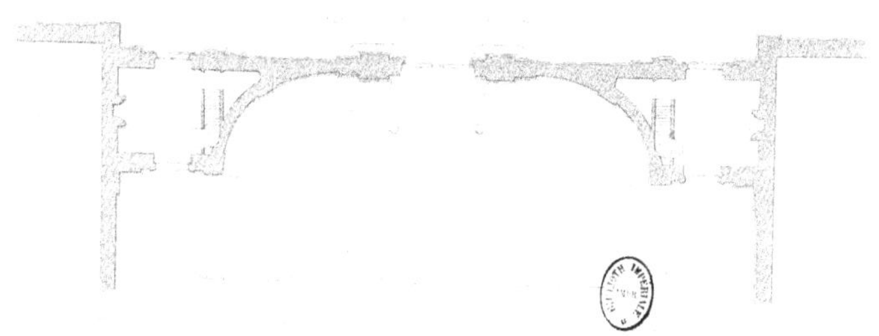

STYLE LOUIS XV

MOTIFS HISTORIQUES

PLAN DE LA FONTAINE

STYLE LOUIS XV.

STYLE LOUIS XV

STYLE LOUIS XV

STYLE LOUIS XV

MOTIFS HISTORIQUES
PAR Mr CÉSAR DALY, ARCH.

STYLE LOUIS XV

STYLE LOUIS XV

STYLE LOUIS XV.

STYLE LOUIS XV

STYLE LOUIS XV

MOTIFS HISTORIQUES
PAR Mr CÉSAR DALY, ARCHte
STYLE LOUIS XV

STYLE LOUIS XV

MOTIFS HISTORIQUES
PAR M. CÉSAR DALY, Arch.te

STYLE LOUIS XV

STYLE LOUIS XV.

STYLE LOUIS XV.
IMPRIMÉ A PARIS.

STYLE LOUIS XV (FIN)

STYLE LOUIS XVI
HÔTEL RUE DES FRANCS-BOURGEOIS, A PARIS — ÉLÉVATION

STYLE LOUIS XVI

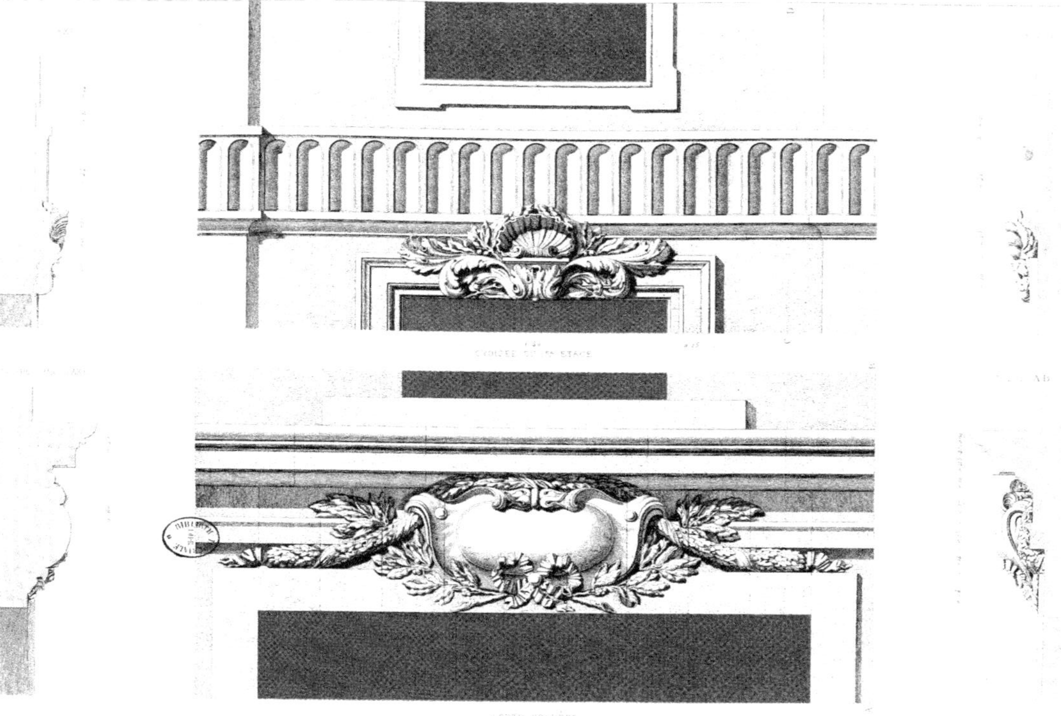

MOTIFS HISTORIQUES

STYLE LOUIS XVI

STYLE LOUIS XVI

STYLE LOUIS XVI

par Mr CÉSAR DALY Arch^{te}

BALCON D'AXE — 1er ÉTAGE

STYLE LOUIS XVI

STYLE LOUIS XVI.

STYLE LOUIS XVI

CORNICHE D'UNE MAISON, RUE CHARLOT No 65

STYLE LOUIS XVI

MOTIFS HISTORIQUES.
par M. CÉSAR DALY, architecte.
STYLE LOUIS XVI.
COURONNEMENT DE CROISÉE A PARIS.

MOTIFS HISTORIQUES

PAR Mr CÉSAR DALY architecte

STYLE LOUIS XVI

MOTIFS HISTORIQUES
PAR Mr CÉSAR DALY, ARCHte
ADMIN DES MONNAIES
STYLE LOUIS XVI

STYLE LOUIS XVI.

ÉLÉVATION

STYLE LOUIS XVI

MOTIFS HISTORIQUES
par M. CÉSAR DALY, architecte
STYLE LOUIS XVI

MOTIFS HISTORIQUES
par Mr CÉSAR DALY, architecte
STYLE LOUIS XVI

MOTIFS HISTORIQUES
PAR Mr CÉSAR DALY ARCHte
STYLE LOUIS XVI

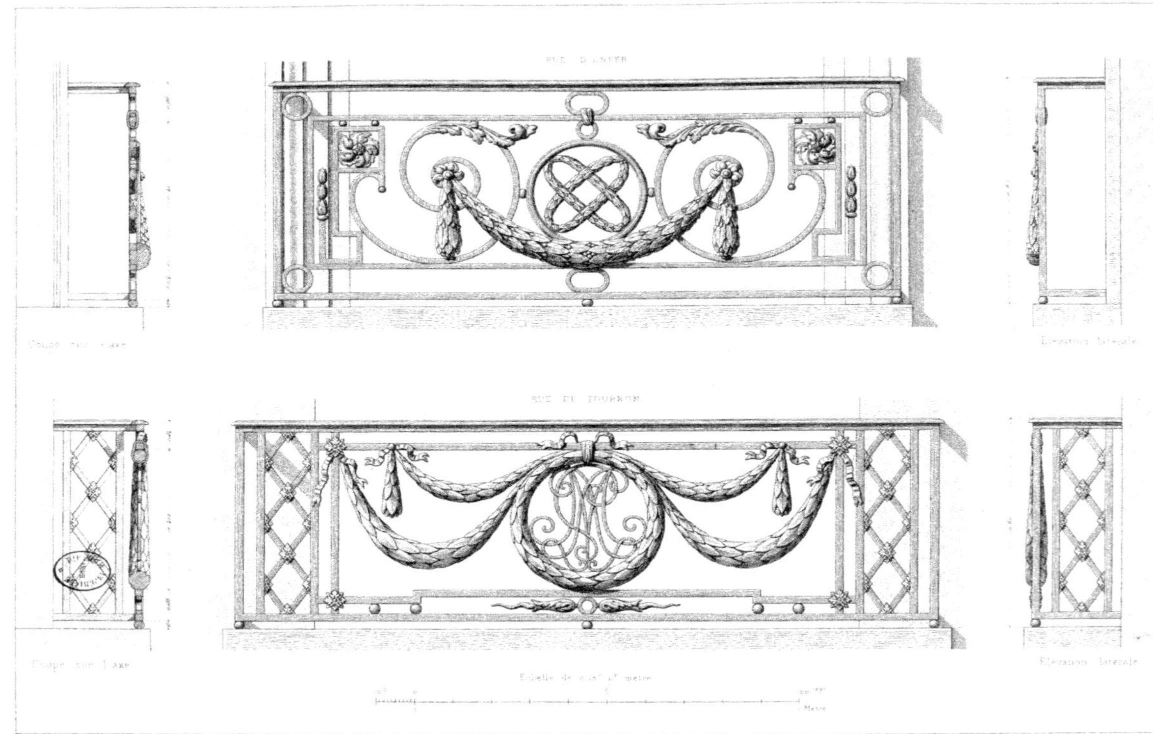

MOTIFS HISTORIQUES.
PAR Mr CÉSAR DALY, ARCH.te
RUE D'ENFER
RUE DE TOURNON
Coupe sur l'axe
Elévation latérale
Coupe sur l'axe
Elévation latérale
Échelle de 0,05 p.r mètre
Mètre
STYLE LOUIS XVI.
PETITS BALCONS DE CROISÉE A PARIS

STYLE LOUIS XVI

STYLE LOUIS XVI
HÔTEL, RUE DU TEMPLE, N° 144 A PARIS — COURONN' D'UNE CROISÉE.

MOTIFS HISTORIQUES
PAR Mr CÉSAR DALY ARCHte 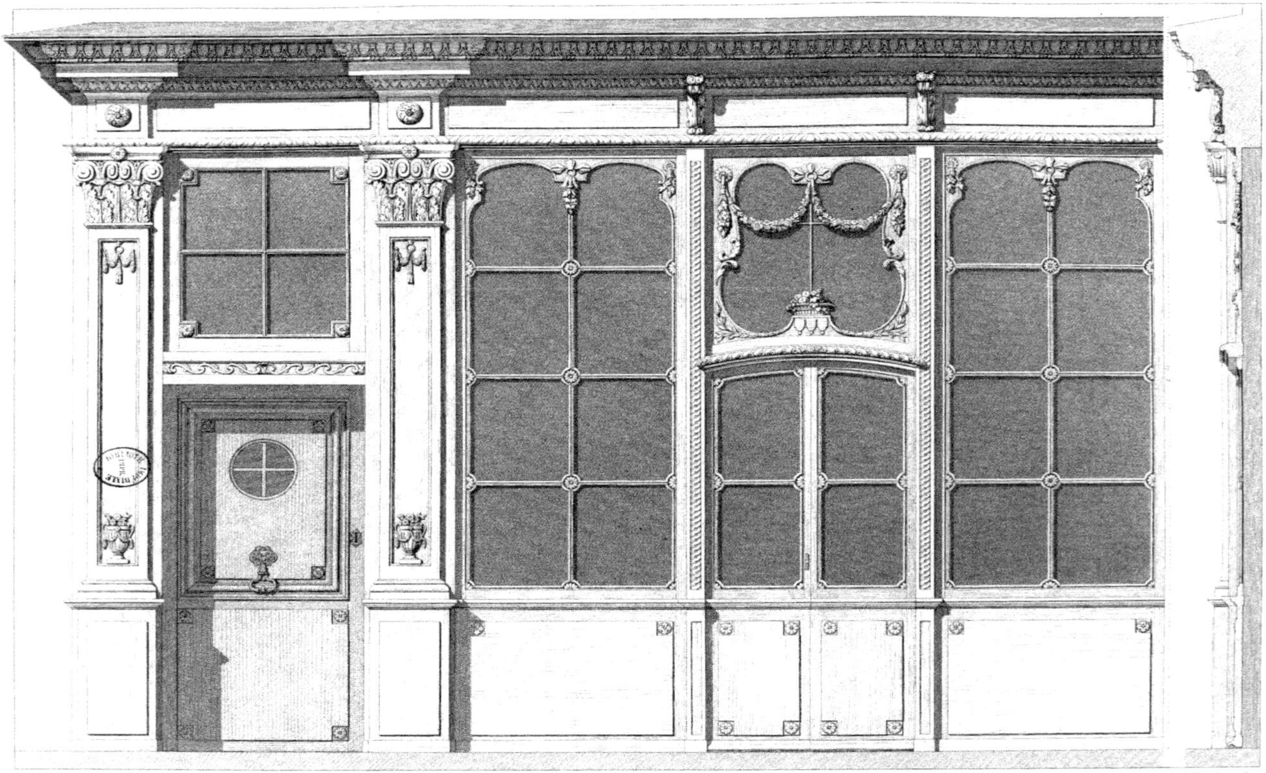
STYLE LOUIS XVI

STYLE LOUIS XVI

MOTIFS HISTORIQUES

PAR M. CÉSAR DALY ARCH.^{te}

Echelle de l'Ensemble
(0.01 p.^r mètre)

Echelle des profils des Pilastres
(0.01 p.^r mètre)

STYLE LOUIS XVI

PALAIS ROYAL — BATIMENTS SUR LE JARDIN — ARCADES ET PILASTRES

STYLE LOUIS XVI

MOTIFS HISTORIQUES
PAR M. CÉSAR DALY, ARCH.
STYLE LOUIS XVI

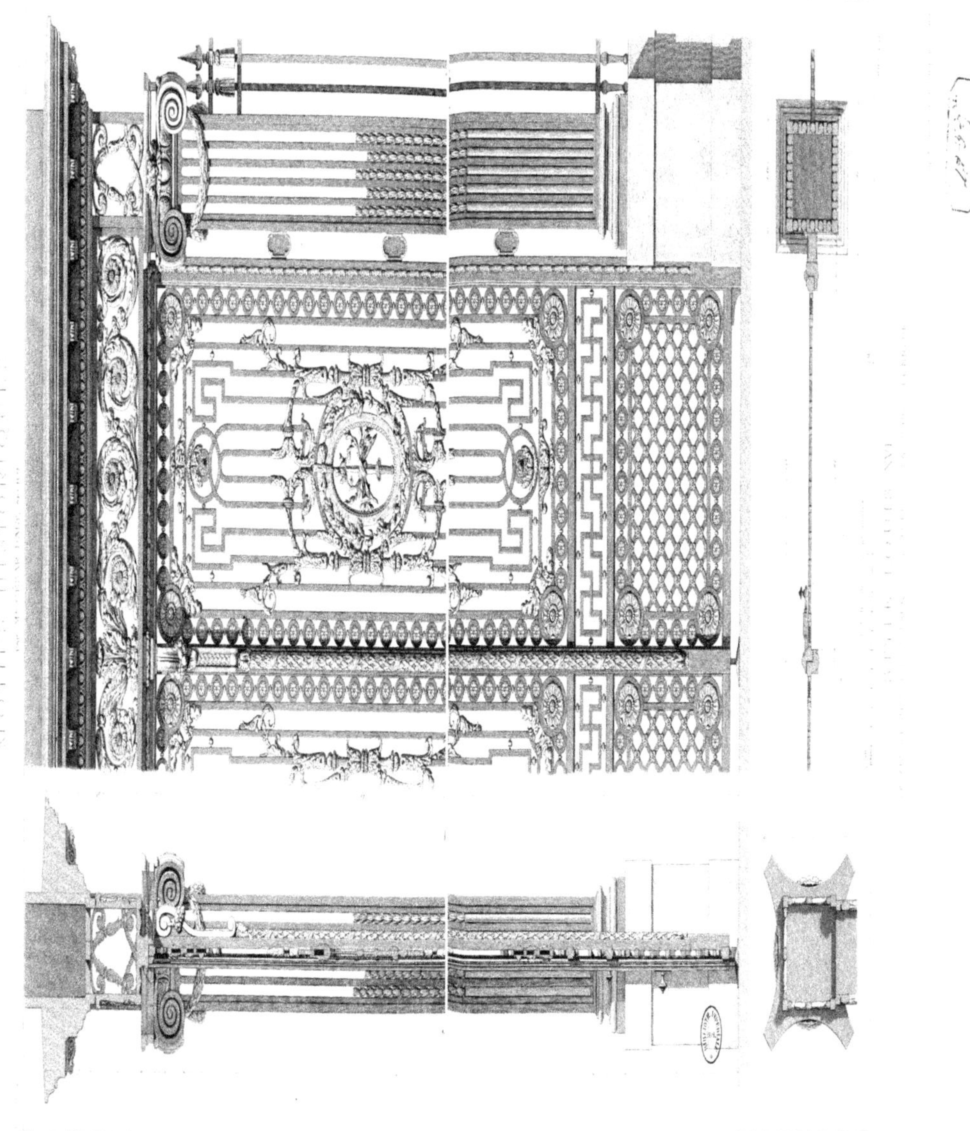

MOTIFS HISTORIQUES.

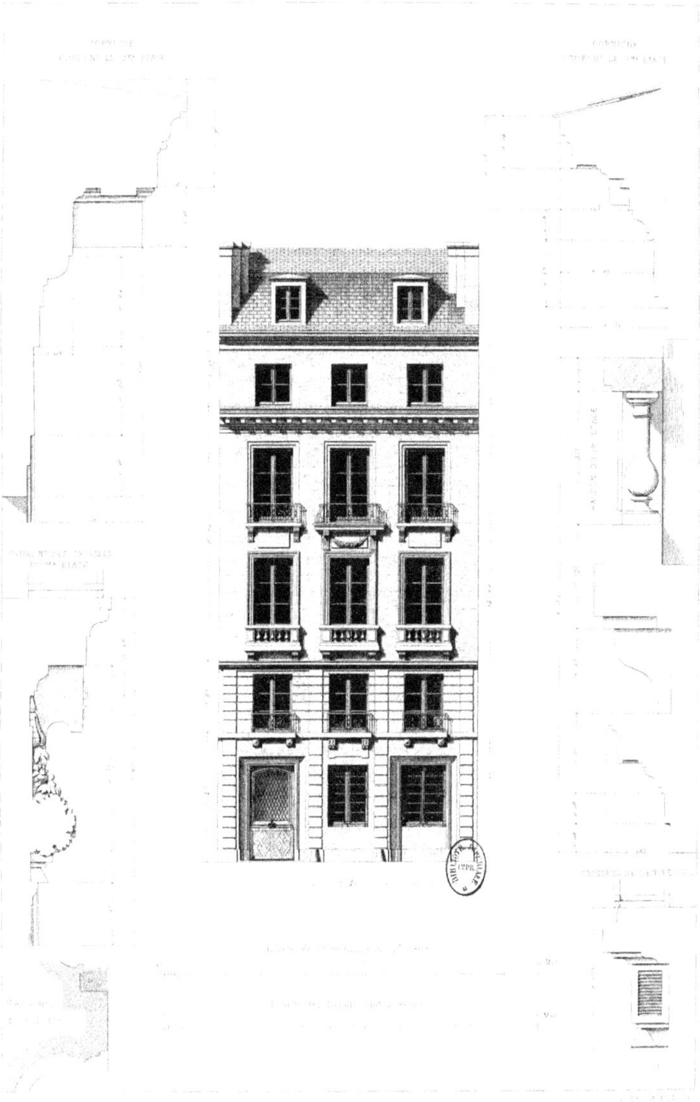

STYLE LOUIS XVI.

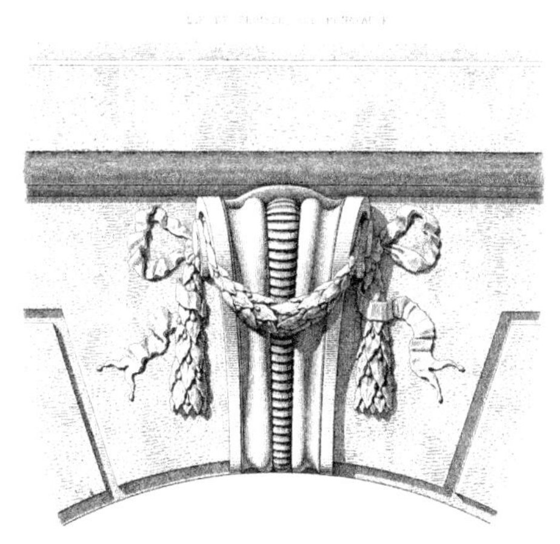

CLEF DE PORTE RUE DES LIONS ST PAUL.

STYLE LOUIS XVI

MOTIFS HISTORIQUES.

PAR Mr CÉSAR DALY ARCHTE

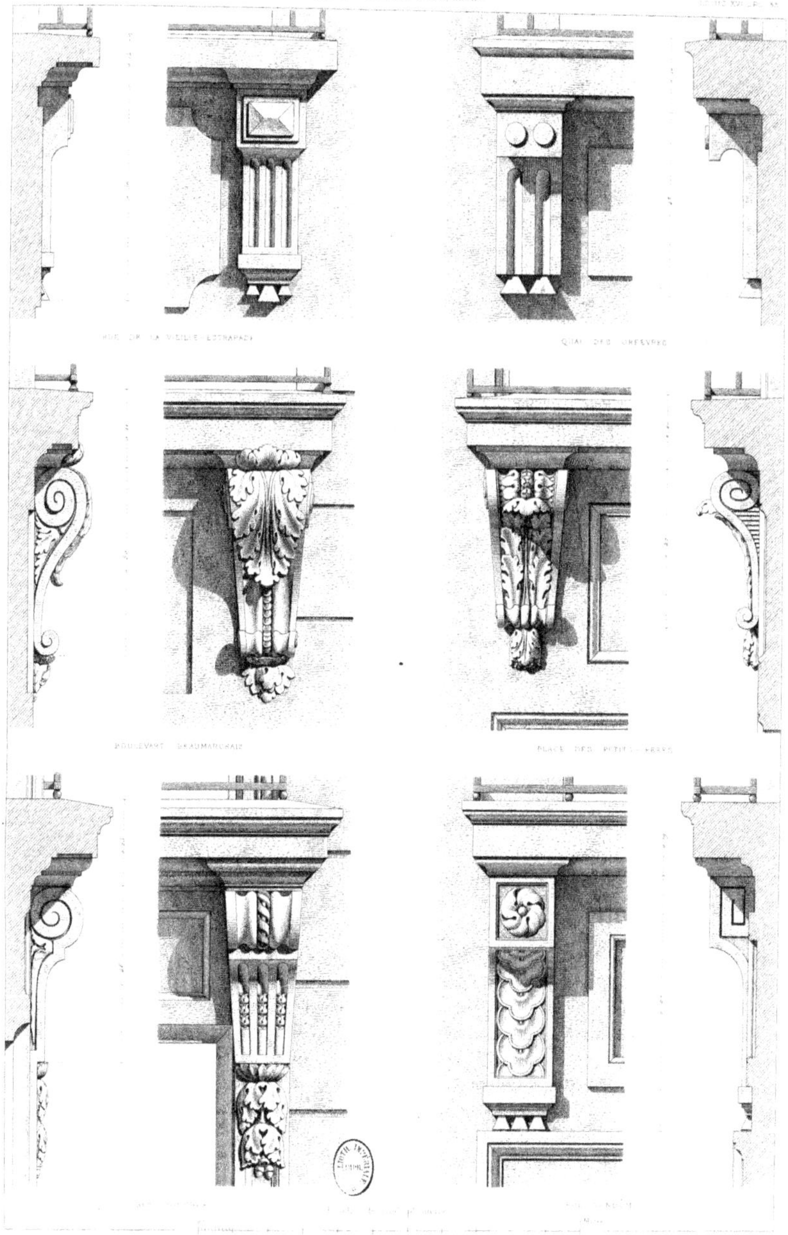
RUE DE LA VIEILLE ESTRAPADE
QUAI DES ORFÈVRES
BOULEVART BEAUMARCHAIS
PLACE DES PETITS-PÈRES

STYLE LOUIS XVI